AF268169

DU ROLE

DE

L'ARMÉE TERRITORIALE

DANS LE RÉTABLISSEMENT

DE LA

SÉCURITÉ EN ALGÉRIE

PAR E. COUTY

CAPITAINE EN RETRAITE, EX-CHEF DE BATAILLON
Commandant le 7e Bataillon Territorial de Zouaves
Officier de la Légion d'Honneur

ALGER
IMPRIMERIE TORRENT ET MIAUX, PALAIS CONSULAIRE
1895

DU ROLE

DE

L'ARMÉE TERRITORIALE

DANS LE RÉTABLISSEMENT

DE LA

SÉCURITÉ EN ALGÉRIE

PAR E. COUTY

CAPITAINE EN RETRAITE, EX-CHEF DE BATAILLON
Commandant le 7e Bataillon Territorial de Zouaves
Officier de la Légion d'Honneur

ALGER

IMPRIMERIE TORRENT ET MIAUX, PALAIS CONSULAIRE

1895

A Messieurs les Sénateurs

MEMBRES DE LA COMMISSION

Des XVIII

DU RÔLE

DE

L'ARMÉE TERRITORIALE

DANS LE

RÉTABLISSEMENT DE LA SÉCURITÉ

EN ALGÉRIE

I

Mouvement d'opinion en faveur des Bureaux Arabes

Les brigandages dont l'Algérie est, depuis de trop nombreuses années le théâtre, ramènent naturellement les esprits vers le régime des bureaux arabes. On compare les Officiers de ces bureaux aux Administrateurs des communes mixtes ; et le résultat de la comparaison est loin d'être à l'avantage de ces derniers.

Tout en répudiant pour eux-mêmes l'autoritarisme militaire, les Français Algériens ne peuvent s'empêcher de reconnaître que les officiers des bureaux Arabes avaient, et ont toujours en territoire militaire, sur les indigènes, une autorité sérieuse; et que cette autorité les Administrateurs n'ont pas réussi à l'acquérir. On est donc en droit de se demander si la substitution partielle de l'un à l'autre régime n'a pas été une faute.

En pays conquis, la mission d'administrer les indigènes appartient tout d'abord à l'armée conquérante qui, seule, y représente la nation. Plus tard, cette mission est dévolue à l'élément civil, et cela de plus en plus, au fur et à mesure de son développement dans le pays.

En principe donc, la substitution est dans l'ordre des choses. Si nous eussions été en pays civilisé, il eut fallu administrer au plutôt au moyen de nos Magistrats et Fonctionnaires ; mais nous étions, et nous sommes toujours, en pays demi-barbare, parmi des fanatiques généralement voleurs et, trop souvent, assassins ; c'est une toute autre affaire.

L'application du régime civil à une pareille population a été prématurée ; cela a été une faute, une immense faute ; il n'est plus possible d'en douter aujourd'hui.

Malgré leurs tendances innées pour le vol, les Arabes ont, chose remarquable, le sentiment du juste. Quand le châtiment est mérité, ils s'y soumettent volontiers ; ils n'en veulent pas au justicier. Mais il faut que celui-là soit le plus fort, et qu'il agisse promptement. Dans leur langage imagé, le régime militaire est le gouvernement de l'homme, le régime civil est celui de la femme. Ils respectent le premier parce qu'il est fort ; ils méprisent le second parce que, suivant eux, il est faible. De là, le succès des bureaux arabes et l'insuffisance des Administrateurs. De là aussi, l'insécurité qui nous étreint.

Voici deux faits pris sur le vif qui, mieux que toutes les phrases, donneront une idée de cet état d'esprit : quand un officier des bureaux arabes en tournée s'arrête dans une tribu, chacun se dispute l'honneur de tenir les étriers et la bride de son cheval, pour l'aider à descendre. Quand c'est un Administrateur civil, on le laisse se débrouiller seul.

Il y a là tout un enseignement. Le philosophe y verra l'une des caractéristiques d'un peuple primitif, enfantin. Tout cela, j'en conviens avec lui, est destiné à disparaître avec les siècles. En attendant, les faits sont là indéniables. Il est de toute nécessité d'en tenir compte.

Le premier de tous les biens étant la sécurité, on est ainsi amené à penser, que, coûte que coûte, il faut revenir aux bureaux arabes. Il le faudrait en effet si nos forces nationales étaient encore dans les mêmes conditions qu'autrefois. Mais il n'en n'est plus ainsi : au lieu d'une armée nous en avons deux ; et la deuxième, l'armée territoriale, est, pour la solution du problème, un facteur nouveau avec lequel il faut savoir compter.

II

L'Armée Territoriale. — Ses Officiers

L'armée territoriale a, entre autres attributions
en campagne, celle d'occuper les positions aban-
données par la première armée ; et de tirer de ses
cadres les éléments administratifs attachés aux ré-
serves, de façon à permettre à l'armée de première
ligne d'avoir toujours ses effectifs disponibles pour
l'exécution rapide de tous ses mouvements.

D'après cela, si nous avons jamais une nouvelle
guerre en Europe, et qu'il nous soit donné de pénétrer en pays ennemi, c'est aux cadres de l'armée
territoriale qu'incombera la tâche d'administrer
le pays occupé. C'est ce qui aurait eu lieu en Algérie, si nous avions été dotés de cette armée en
1830. On peut donc, aujourd'hui que nous l'avons,
agir comme nous aurions fait alors, si nous l'a-
vions eue.

Depuis que le service militaire est devenu, à
quelques exceptions près, obligatoire, égal et
personnel pour tous, on a pu, en toute justice, ré-
server aux sous-officiers de l'armée active, après
examen, de nombreux emplois dans nos adminis-
trations. Les officiers territoriaux ayant tous été
sous-officiers dans l'armée active, rien n'empê-
che d'étendre la mesure jusqu'à eux. On pourrait
ainsi leur attribuer, après examen, complété par
un stage en territoire militaire, toutes les fonctions dans l'administration des Indigènes.

En territoire militaire, ils remplaceraient purement et simplement les titulaires actuels ; ils auraient, comme pendant leurs périodes d'instruction, un caractère essentiellement militaire.

En territoire civil, ils auraient les mêmes attributions que les administrateurs actuels ; mais, dans la forme, il conviendrait d'apporter les modifications suivantes : le grade précèderait le titre d'Administrateur ; et, dans ses tournées parmi les Arabes, l'Officier-Administrateur serait tenu de revêtir l'uniforme militaire. Ce serait un cas de plus à ajouter à ceux où les officiers de l'armée territoriale ont déjà cette obligation, en dehors de leurs périodes d'instruction.

Ils auraient ainsi un double caractère ; ils représenteraient : pour les Arabes, à raison de leurs grades, *la loi de la force* ; et pour les Français, en leur qualité de Magistrats municipaux, *la force de la loi*, ce qui serait en complète harmonie avec l'esprit des uns et des autres.

Dans les deux cas, l'autorité supérieure resterait ce qu'elle est : les Généraux commanderaient à des officiers de 2ᵉ ligne remplaçant ceux de 1ʳᵉ, mais ayant absolument le même caractère et les mêmes attributions que ces derniers ; et les Préfets auraient toujours sous leurs ordres de véritables Administrateurs civils, malgré la tenue et le titre militaires de ceux-ci.

Rien de plus simple d'ailleurs que le passage d'un état à un autre : en territoire militaire, la sécurité étant assurée, on pourrait se borner à remplacer les titulaires actuels au fur et à mesure des vacances ; on pourrait même laisser les officiers de première ligne dans les postes les plus avancés, ce ne serait pas déroger aux principes posés plus haut. En territoire civil, une partie du nouveau recrutement se trouverait faite d'avance ; car, dès aujourd'hui, un certain nombre d'Administrateurs sont officiers territoriaux. Ceux-là resteraient à leurs postes, bien entendu. Quant aux autres, l'Administration supérieure trouverait, sans aucun doute, le moyen de leur donner des compensations ailleurs.

Par cette organisation, les officiers actuels des bureaux arabes seront rendus au service actif, et cela sans que l'administration des indigènes ait à en souffrir, puisqu'ils seront relevés un à un, comme d'habitude ; et que leurs successeurs formés par eux, commandés par les mêmes généraux, continueront nécessairement, et par ordre, leur excellentes traditions.

En cas d'agrandissement du territoire civil, cela aura, en outre, l'avantage de nous donner sur place, des Administrateurs tout formés ; et nous échapperons ainsi aux mauvais choix des nominations en masse.

Par là, nous aurons résolu ce double problème: 1° administrer au même lieu, et par les mêmes hommes, les Arabes et les Français comme il convient à leurs degrés différents de civilisation ;

2° administrer par des hommes ayant la même origine, le territoire militaire et le territoire civil, ce qui, en réalité, nous conduira à l'unité d'administration, malgré les deux territoires, et en attendant qu'il n'y en ait plus qu'un.

Ainsi prendra fin l'éternelle controverse touchant les mérites réciproques du régime civil et du régime militaire. Grâce à l'armée territoriale, arbitre nouveau et inattendu, les adversaires finiront par tomber d'accord sur un moyen terme, empruntant aux deux régimes ce qu'ils ont de bon l'un et l'autre.

III

Objections

Ici intervient le chapitre des objections. Il serait étonnant, en effet, qu'une chose aussi nouvelle n'en soulevât pas. Je vais essayer de répondre à celles que j'entrevois, ou dont l'écho est parvenu jusqu'à mes oreilles.

D'une façon générale, et vu le peu de temps qu'ils passent, chaque année, sous les drapeaux, on peut admettre que les officiers territoriaux n'ont pas une instruction militaire égale à celle de leurs camarades de l'armée active. Mais, pour l'objet qui nous occupe, c'est là un point secondaire. Ce qui est certain, c'est que leur instruction générale est sérieuse. C'est l'essentiel. Il y a ici d'ailleurs, redisons-le, une question d'examen, ou mieux, une question de concours. Le concours suivi du stage sera là, comme partout, une garantie.

Dira-t-on qu'ils manquent d'aptitude au commandement? On se tromperait fort. A la suite des fournées du début, on a pu constater, il est vrai, qu'un certain nombre d'entr'eux étaient, en effet, peu propres au commandement. Mais depuis, les choses ont bien changé. A l'heure actuelle, et depuis longtemps, tous ont servi dans l'armée active comme sous-officiers tout au moins ; tous ont passé *volontairement* leurs examens d'offi-

ciers ; *volontairement* aussi, ils sont la cheville
ouvrière de toutes les sociétés mixtes de tir ;
volontairement encore, en dehors de leurs périodes annuelles d'exercice, ils étudient et assistent
aux conférences de garnison. Enfin il convient
de remarquer que leurs périodes d'instruction
elles-mêmes sont, par eux, accomplies presque
volontairement aussi, puisqu'ils pourraient, comme tant d'autres, n'assister qu'aux quelques
périodes strictement obligatoires, en qualité de
sous-officiers, et que tout serait dit. S'ils n'a-
vaient pas le goût militaire, l'aptitude au commandement, assurément, ils ne s'astreindraient
pas à tous ces travaux qui dépassent les exigences
de la loi. Oui certes ! les officiers territoriaux
sont aptes au commandement, et beaucoup plus
qu'on ne le croit généralement. Je vais plus
loin, j'affirme qu'un bon nombre d'entre eux sont
animés d'un véritable feu sacré.

On pourra ajouter que l'armée teritoriale n'exis-
tant que depuis vingt ans, et n'ayant pas fait ses
preuves en face de l'ennemi, ne peut pas avoir, n'a
pas, le prestige qui s'attache à l'armée active.
C'est très vrai ; mais ce serait une erreur de
croire que cela est de nature à affaiblir l'autorité
de ceux de ses officiers à qui sera confiée l'administration des indigènes. L'Arabe ne distingue pas
entre les différents corps, armes ou armées ; pour
lui tous les officiers se valent ; il les respecte, non
en raison du prestige qui s'attache à leurs corps

prestige qui d'ailleurs échappe à son entendement, mais en raison de la force qu'il leur attribue, à cause de l'uniforme et du sabre uniquement. Cela annule complètement la valeur de l'objection.

Que dira-t-on encore ? Que c'est une chimère ? C'est si peu une chimère que c'est une conséquence logique, je dirais presque légale et obligatoire, de la réorganisation de nos forces nationales. Si l'on devait laisser, comme par le passé, à nos officiers de première ligne le soin de pourvoir à tous les emplois hors du rang, l'esprit qui a présidé à cet immense effort patriotique serait faussé, dans une de ses parties essentielles.

IV

Suite des objections

J'entrevois une dernière objection : Quoi ! dira-t-on, les mêmes hommes auront le caractère civil et le caractère militaire, tout à la fois. Cela ne s'est jamais vu. Cela ne s'est jamais vu, soit; mais de ce qu'une chose ne s'est jamais vue, il ne s'en suit pas qu'elle soit mauvaise. A ce compte-là, toutes les nouveautés de notre siècle de progrès seraient à rejeter, l'armée territoriale la première.

Une réforme aussi considérable que celle dont cette armée est l'expression tangible, réforme qui a eu pour cause nos désastres de 1870 ; pour objet, la défense du pays par le pays tout entier ; et pour effet immédiat l'abolition du remplacement, de l'exonération, de la substitution et des mille cas d'exemption du service militaire d'autrefois, n'a pas pu se produire sans apporter des modifications profondes dans nos mœurs. Je vais en examiner quelques-unes, parmi celles qui, dès aujourd'hui, apparaissent le plus nettement. De leur examen naîtra, je l'espère, cette conviction que l'admission de l'armée territoriale dans l'administration des indigènes n'a rien d'anormal, qu'elle se présente au contraire, comme une conséquence nécessaire, inéluctable de la réorganisation de l'armée.

Les faits les plus visibles sont les mauvais: c'est

notre budget écrasant, notre dette toujours grandissante. Mais à cela n'y a-t-il pas une contre-partie?

Les besoins de la défense ne nous ont pas seulement obligés d'être justes en matière de service militaire, ils nous mettent et continuent à nous mettre, de jour en jour davantage, malgré des tiraillements trop nombreux, dans la nécessité de l'être en matière d'impôts. C'est par la justice que nous avons obtenu les hommes ; c'est par la justice, chaque année mieux affirmée, que nous obtiendrons l'argent. Qui sait si ce double bien ne nous guérira pas de ce double mal.

Mais laissons les lois ; examinons la société.

Sans nous arrêter aux périodes d'instruction où. depuis vingt ans, l'élément civil et l'élément militaire sont intimement mélangés, chose nouvelle, mais commandée, voyons ce qui, par la force des choses, se passe journellement ailleurs.

Pénétrons dans une réunion d'hommes de 24 à 45 ans, ayant tous porté les armes, par conséquent, de quoi s'entretiennent-ils? De questions militaires fréquemment. Ce sont des souvenirs de régiment, des appréciations souvent fort justes sur les hommes et sur les choses de l'armée. Il n'en était certes pas ainsi autrefois ; il semblait tout naturel au contraire, que le civil se désintéressât des choses de l'armée et que le militaire en fit autant pour les choses de l'ordre civil.

Quand une troupe est en partance pour une expédition, quelquefois même pour un simple changement de garnison, qui assiste aux réceptions qu'on organise un peu de toutes parts ? Des gradés et des soldats de l'active, de la réserve et de la territoriale, c'est-à-dire la population tout entière. Voyait-on quelque chose de pareil autrefois? Jamais. Il eût paru étrange qu'un pékin osât figurer dans une de ces réunions.

D'autre part, qui compose les sociétés mixtes de tir ? quels sont les concurrents dans les tirs d'honneur ? Les divers éléments constituant les deux armées. A la fin de l'année, qui décerne les prix aux lauréats ainsi mélangés ? Les autorités civiles et militaires confondues, les citoyens et les dames de toutes les situations sociales. Voyait-on cela il y a vingt ans ? Voyait-on, par leur présence et leurs applaudissements, les dames françaises encourager l'adresse et préparer ainsi des défenseurs au pays ? Non, assurément. Pour constater quelque chose d'analogue, il faut remonter au moyen-âge, entrer dans les tournois. Mais quelle différence dans les mobiles et dans le champ d'action ! Jadis c'était un plaisir seigneurial, s'exerçant dans un cercle restreint parmi des privilégiés ; aujourd'hui, c'est du patriotisme étendant son action sur tous, sans aucune distinction entre les grades militaires, les titres civils ou les situations sociales.

Tout concourt à ce rapprochement, tout, jusqu'au costume lui-même. Tandis que, dans certains cas, l'officier actif a la faculté ou l'obligation de révêtir l'habit civil, dans certains autres cas, l'officier territorial a l'obligation ou la faculté d'endosser l'uniforme militaire, même en dehors des périodes d'instruction. Et la chose est vraiment facile : supprimez ou ajoutez le galon, dans la petite tenue, et la transformation est faite.

V

Mœurs nouvelles.

Ainsi de quelque côté que nous nous tournions partout, sous l'influence de la réorganisation de l'armée, les idées se modifient, les habitudes se transforment ; et cette influence s'étend jusque sur la mode elle-même. De toutes parts, on peut constater que la nation armée est un fait accepté, que les exercices annuels ont pris rang dans nos usages sociaux ; que l'élément civil et l'élément militaire, naguère encore si profondément séparés, se rapprochent, s'unissent, se pénètrent. Aujourd'hui, sauf exception, il n'y a plus ni défenseurs, ni défendus par état ; il n'y a plus que des citoyens appelés à être tour à tour, et conformément à la loi, défenseurs et défendus, c'est-à-dire militaires et civils. Désormais, tous les fonctionnaires auront ce double caractère, et par conséquent, deux fonctions à exercer alternativement, l'une civile, l'autre militaire. Or, qu'est-ce que je demande pour l'Officier-Administrateur ? Pas autre chose. Lui aussi procédera alternativement à l'exercice de l'une ou de l'autre fonction. L'alternance sera plus fréquente, voilà tout. Redisons-le d'ailleurs, en territoire civil, la fonction militaire sera de pure forme ; mais, vu le caractère des Arabes, la forme aura ici toute la valeur du fonds.

VI

Mesure fatale

Par la disparition de l'armée permanente — utopie aujourd'hui, réalité demain — l'armée territoriale restera notre seule armée, l'armée nationale formée de tous les citoyens dûment exercés. Alors, il faudra bien en venir à la mesure que j'indique, du moins en territoire militaire.

Mais à supposer que les deux armées restent distinctes encore longtemps, une chose est absolument certaine, c'est que, dans une dizaine d'années, tous les hommes en état de porter les armes et d'exercer une fonction, auront place dans la deuxième armée, et que, sauf exception, tous les Administrateurs des communes mixtes seront, comme tous les autres citoyens, doublés d'un soldat, gradé ou non.

Eh bien ! soldat pour soldat, le bon sens ne dit-il pas qu'il y a intérêt à ce que ce soldat soit officier ; et que la force morale qui s'attache au grade soit ainsi utilisée.

Comme on le voit la mesure n'est pas seulement une conséquence logique de la réorganisation de nos forces nationales ; elle n'est pas seulement utile, indispensable, *elle s'impose, elle est fatale.* Qu'on le veuille ou non, il faut y arriver. Dès que les officiers administrateurs seront installés, l'organisation paraîtra si simple qu'on s'étonnera de notre étonnement.

VII

Esprit nouveau. — Mesures prématurées

Serrons la question de plus près.

On parle d'esprit nouveau ; chacun le voit un peu là où sont ses préférences. L'esprit nouveau, nous venons de le voir à l'œuvre : il a pris naissance dans l'armée territoriale ; il y grandit tous les jours ; et, dans dix ans, il s'étendra, avec elle, sur la France tout entière. C'est un composé de l'esprit civil et de l'esprit militaire. Civils, les hommes qui appartiennent, ou ont appartenu à cette armée, sont, dans leur ensemble, de braves citoyens respectueux des droits de tous à l'étranger comme en France ; militaires, ce sont des citoyens braves, capables de faire respecter les leurs et ceux du pays tout entier ; et décidés à le faire, au besoin.

L'esprit nouveau rejette, tout à la fois, et les haines entre frères, qui nous ont valu jadis tant de guerres atroces, et les mièvreries dites fraternelles d'aujourd'hui, dont nous subissons en Algérie les navrantes conséquences. L'esprit nouveau c'est, en réalité, l'esprit de fraternité luimême, en ce qu'il a de viril, ce qui n'exclut ni la bonté, ni l'amitié.

Dans la famille humaine, comme dans la société familiale, il y a des frères majeurs et des frères mineurs. Traiter ceux-ci comme ceux-là, c'est s'écarter des voies tracées par la nature ; c'est jeter le trouble dans l'ensemble, famille ou société. C'est à ce déplorable résultat que nous avons abouti en Algérie.

Les Juifs et les Arabes sont des mineurs moraux.

En admettant les premiers au droit de vote, nous avons agi comme un père qui, pour la direction de sa maison, prendrait les conseils d'un enfant de sept à huit ans

En appliquant aux Arabes notre formalisme juridique, et nos méthodes de répression des crimes et délits, nous avons fait comme ce même père qui, au lieu de châtier son fils au moment de la faute, attendrait qu'elle fut oubliée ; et jusque là, le nourrirait avec des gâteaux. Nul n'ignore, en effet, que les Arabes se trouvent mieux dans nos prisons que chez eux. De sorte qu'on a pu dire, non sans raison, que les Arabes vraiment punis sont les Arabes honnêtes, ceux que nous laissons dans leurs gourbis.

On traiterait de fou un père, ou un frère aîné, qui, dans la famille, agirait ainsi. Si l'on n'en dit pas de nous tout autant, on ne saurait nier du moins que nous avons agi en frères faibles et peu réfléchis.

Les Arabes eux-mêmes ont si bien le sentiment de notre faiblesse, qu'ils en sourient de pitié. Il n'est pas un colon qui n'ait constaté cela.

Il en est résulté ce qui arrive toujours en pareil cas : sauf exception, nous avons fait des Juifs et des Arabes des enfants gâtés ; ils nous punissent aujourd'hui cruellement de notre faiblesse irréfléchie à leur égard. Jamais l'Algérie n'a tant souffert que depuis l'accomplissement de ces deux actes.

Il y a une chose plus mauvaise que les réformes tardives, ce sont les réformes prématurées.

VIII

Les Juifs. — Anomalie

Je n'ai pas ici à m'occuper des Juifs. Toutefois, comme cette question est liée à celle de la sécurité, il m'est impossible de ne pas signaler ce fait étrange :

Dans un pays où tous les cultes sont libres, où le fait d'appartenir à un culte ou à un autre ne procure, par lui-même, aucun droit dans l'État, et n'impose aucun devoir envers lui, il a suffi cependant qu'un certain nombre d'hommes fussent de la religion juive pour être, par cela seul, d'emblée, tous en masse, déclarés citoyens français.

Jamais, que je sache, l'histoire n'a enregistré une anomalie pareille.

L'exemple de nos pères est ici sans valeur pour la justification d'un pareil acte. Quand notre grande Révolution a émancipé les Juifs, ce n'est pas parce qu'ils étaient juifs, c'est parce qu'ils habitaient le sol français, comme les catholiques, les protestants et autres, qui eux aussi, ont été déclarés citoyens français sans aucune exception.

Je n'ai pas à rechercher si nos pères ont été dupes de leur générosité ; mais je constate une chose : ils ont fait, par là, œuvre d'égalité et de fraternité, dans la plus noble acception du mot.

En Algérie, les Juifs seuls ont été admis au titre de citoyens français. Aucun autre culte n'a eu part à cet honneur et à ce droit. C'est donc uniquement parce qu'ils étaient juifs. Cette mesure ne constitue pas seulement une inégalité flagrante : c'est par cela même, un acte aussi anti-fraternel que possible. Quoi d'étonnant qu'il en soit résulté les haines que nous connaissons, et tant d'autres conséquences fatales à l'Algérie dont l'exposé n'a pas sa place ici. Les Juifs de bon sens, et il y en a, sont les premiers à reconnaître que leurs coreligionnaires n'auraient dû être admis au titre de citoyen français que peu à peu, un à un, comme les Arabes et autres habitants du sol Algérien, au fur et à mesure de leur développement moral et intellectuel, et conformément à la loi commune.

Mais laissons les Juifs et revenons aux Arabes.

IX

Les Arabes. — Inséourité. — Inpuissance de la Justice française

L'application prématurée aux Arabes de notre formalisme juridique, pour la répression des vols a des conséquences d'un autre ordre; ces conséquences n'en sont pas moins désastreuses.

On ne connaît guère dans le public que les brigandages retentissants, ceux dont parlent les journaux; mais cela ne représente qu'une fraction infinitésimale de ce qui existe en réalité. Pour se rendre compte de la multiplicité des vols, il faut habiter une propriété rurale quelque peu éloignée d'un centre de population (1). On ne peut pas, en France, ni même en Algérie, dans les villes, s'en faire une idée.

Dans les villes et aux environs, les Arabes sont moins voleurs; il y a à cela deux raisons : ils sont plus travailleurs et ils sont mieux surveillés par une Police et une Gendarmerie plus nombreuses.

Loin des villes, le vol a chez les Arabes des formes qui nous sont absolument inconnues. On ne saurait se douter des précautions dont ils s'entourent pour ne pas être vus ou pour dérouter les soupçons.

---

(1) Ou, comme l'auteur, y passer la majeure partie de son temps.

Le vol, chez l'arabe paresseux et comtemplatif, est la pensée dominante, le rêve permanent. Quand, dans son fatalisme insouciant, il lui arrive. de ne pas avoir même le plus mince morceau de galette à se mettre sous la dent. Bah ! Le vol le tirera de là ; et il le tire de là en effet. Il aime le vol de toute sa haine pour le travail. Il ne s'attaque pas seulement aux bestiaux et aux récoltes en magasin, tous les objets lui sont bons, grands ou petits, riches ou pauvres, récoltés ou sur pieds, mûrs ou verts, verts surtout quand il s'agit des fruits. Il a pour aide toute la famille, jusqu'aux enfants en bas âge. C'est dans le sang.

Avez-vous des bestiaux, des récoltes en magasin ou sur l'aire, si par une belle nuit, vous entendez des coups de fusil, vous verrez tous vos gardiens arabes en éveil ; des voleurs se sont introduits dans la ferme ; ils les ont entendus, surpris ; ce sont eux qui ont donné l'éveil, eux qui ont tiré. Vous êtes volés en totalité ou en partie ; mais vous n'avez rien à dire, vos Arabes ont fait bonne garde.

Cependant, pour peu que vous sachiez l'Arabe, vous ne tardez pas à apprendre, par des indiscrétions ou des vengeances, que vos gardiens sont complices ; ils ont donné l'éveil, mais trop tard ; ils ont tiré mais en l'air.

Dans ce genre de vol, le rôle le plus difficile est pour eux ; il faut qu'ils sachent choisir le moment précis pour ne donner l'éveil ni trop tôt ni trop tard. Trop tôt, les voleurs pourraient être pris ; trop tard, les gardiens pourraient être suspectés. Ce genre de vol est le vol par enlèvement.

Le vol par enlèvement comporte de temps en temps, un second acte : quand faute de pouvoir les diriger assez loin, les voleurs craignent de voir les bêtes reconnues, ils détachent un des leurs vers le volé. Celui-là tient à celui-ci le langage suivant : « Je sais où sont tes bêtes ; donne-moi « tant, je te les ferai rendre. »

Et le volé s'exécute, sachant très bien que s'il portait plainte, cela ne le conduirait à rien.

Voici, à cet égard, un fait dont je certifie l'authenticité : un Colon eût deux chevaux volés. Le parlementaire arriva, il lui tint le discours d'usage. Le Colon ne voulut pas payer ; il crut devoir porter plainte, s'adresser au Juge.

Que pensez-vous qu'il arriva ?

C'est le volé qu'il condamna.

Il ne le condamna pas dans la forme habituelle bien entendu ; mais par impuissance à lui faire rendre justice, ce qui, dans l'espèce, revient absolument au même. Après avoir attendu un mois et plus, le Colon, revenu de son trop de confiance dans la justice, se décida à faire comme les autres, *à payer*. Ses chevaux lui furent rendus, contre *deux cents francs* ; et cela devinez où. A la porte même de la ville, effrontément, au nez et à la barbe de la justice et de la gendarmerie inertes, quoique prévenues depuis plus d'un mois.

C'est stupéfiant, direz-vous. C'est absolument mon avis.

On donne à cette opération le nom de béchara ; au parlementaire, celui de béchard. La béchara est un impôt prélevé par les voleurs arabes sur l'impuissance de la justice française. Le béchard est le collecteur de l'impôt.

Sous l'autorité des bureaux arabes, la béchara comme presque tous les autres vols d'ailleurs, avait disparu de l'Algérie ; elle y a fait sa rentrée avec le régime civil. En ce point, on peut affirmer que le régime civil a donné naissance à un retour vers la barbarie.

Au demeurant le vol par enlèvement, dont la béchara n'est qu'un accessoire, n'est pas le genre le plus adroit ; il présente, sinon le danger d'une condamnation, du moins celui des coups de fusil.

Mais admirez celui-ci :

Vous avez acheté un troupeau de moutons maigres dans le Sud ; vous vous proposez de l'engraisser pendant quatre ou cinq mois, dans de bons pacages, et de réaliser en les vendant d'assez beaux bénéfices. Pendant deux ou trois mois, tout va bien ; les brebis, préalablement tondues, reprennent du corps ; les agneaux grossissent à vue d'œil ; vous encaissez le produit de la laine, et vous vous frottez les mains en songeant aux autres encaissements.

Erreur ! peu à peu, vos brebis maigrissent, vos agneaux ne grossissent plus. Plus tard vous voyez avec stupeur quelques-unes de vos bêtes marcher péniblement, l'oreille basse, en rentrant du pâturage: quelques jours après, le même phénomène se renouvelle ; de temps en temps, la mort s'en suit; et ce qui ne meurt pas est étique ou à peu près.

Cependant, les pâturages sont toujours bons. Que s'est-il donc passé? Il s'est passé ceci : Vos bêtes les plus grasses ont été changées aux champs, contre des bêtes maigres, et cela avec la connivence du père du berger; les compères adroitement embusqués, opèrent en toute sûreté ; le berger sert d'éclaireur.

Ce jeu dure un ou deux mois; et quand l'époque de la vente est venue, il vous manque un dixième de votre troupeau, et le reste est à peine vendable.

Mais pas une bête n'a disparu Quant aux animaux morts, ils sont représentés par les peaux. Tout est en règle ; la garde a été bonne; vous n'avez pas à vous plaindre.

A la vérité, vous auriez pu marquer vos moutons les voleurs ne réussissent pas toujours à contrefaire la marque. Vous le ferez l'année prochaine. En attendant, voilà l'année courante perdue.

Ce genre de vol est le vol par substitution ; il ne présente pas d'autres dangers que les délations réciproques entre complices brouillés. Ce serait le plus adroit, le moins dangereux, si ceux-ci pouvaient toujours s'entendre.

Autre exemple : Vous avez un certain nombre de bonnes vaches ; le lait est excellent, vous comptez là dessus pour la bonne vente des veaux, et aussi pour faire, de temps en temps, du beurre, du fromage.

Erreur encore ! Après avoir fourni beaucoup de lait pendant quelques mois, peu à peu, vos vaches en donnent de moins en moins, et il arrive un moment où ils vous en reste juste assez pour votre café au lait. Quant aux veaux, il y a beaux jours qu'ils donnent du museau sur les pis sans en faire rien jaillir.

Et pourtant le pâturage est toujours bon, le fourrage ne manque pas.

Ici encore, qu'est-il donc arrivé ? Ceci : la mère du berger soulage adroitement le pis des vaches, aux champs, pendant le jour ; à l'écurie, pendant la nuit ; elle se fait aider par ses filles. L'opération dure peu de temps ; éviter l'œil du maître n'est qu'un jeu. On opère également sur les chèvres, sur les brebis, quand il y en a.

C'est le vol par allègement. Ce n'est pas celui qui rend le plus ; mais c'est le plus sûr ; ici, rien à craindre des complices ; on opère en famille.

Si vous avez une basse-cour, les œufs suivent la même route ; une notable partie des poules la suivent aussi. On accuse les aiglons, les chacals ; mais sur deux poules disparues avec eux, dix vont au gourbi, et de là, à la ville prestement, avec les œufs, le tout habilement dissimulé dans les plis du burnous et dans le capuchon.

On n'a pas idée de la précocité des enfants Arabes pour le vol.

En rentrant du travail, le soir, gardez-vous bien de laisser traîner vos outils ; il y en a toujours quelques-uns à leur convenance.. En déchargeant vos produits, ne laissez pas les sacs vides à l'abandon ; c'est un de leurs revenus quotidiens. Si vous quittez votre gilet en travaillant, ne le perdez pas trop longtemps de vue, il ne tarderait pas à être escamoté.

Si, à l'époque des battages, vous voyez rôder autour de l'aire des petits garçons et des petites filles, méfiez-vous ils convoitent un petit tas de blé, des fèves, des pois, des haricots, une gerbe, tout ce qui est susceptible d'être ramassé par leurs petites mains.

La multiplicité des vols est telle qu'on ne les compte plus. Sur cent, un à peine est déféré à la justice.

A la vérité le colon se fâche, jure, tempête, s'exaspère, frappe même quelquefois le coupable. Finalement, il ne porte pas plainte. A quoi bon, en effet ; c'est bien assez d'être volé sans aller encore perdre son temps et son argent à formuler des plaintes qui n'aboutissent qu'à des peines dérisoires, dont les Arabes sont les premiers à se moquer.

Et les colons ont vraiment raison ; mais c'est navrant.

Qu'arrivera-t-il si cela dure encore quatre ou cinq ans?

Faudrait-il s'étonner beaucoup s'ils venaient à refuser le paiement d'un impôt, qui n'a pas pour résultat d'assurer leur sécurité.

Les lenteurs de notre procédure, encore qu'elles soient loin d'être sans inconvénients, peuvent, à la rigueur, se comprendre, quand il s'agit d'atteindre les assassins ; mais appliquées à la répression des vols, grands, petits et moyens, c'est l'impuissance même. Il faut avoir la loyauté de le reconnaître.

Comment donc faire?

Inutile de le rechercher ; l'expérience a parlé ; il n'y a qu'à suivre ses indications, employer en territoire civil les moyens mis en œuvre en territoire militaire par les Officiers des bureaux arabes, en d'autres termes, créer l'institution des Officiers-Administrateurs formés à leur école par un stage sérieux.

L'action de ces derniers sera avant tout préventive. L'uniforme et le sabre produisant cet effet magique en territoire militaire, le produiront également en territoire civil.

En préconisant l'institution des Officiers-Administrateurs, je crois avoir indiqué, sinon le remède tout entier à appliquer à la situation actuelle, du moins le principal de tous les éléments dont il doit être composé.

X

Fraternité et Fermeté

Il y a un intérêt sérieux à mettre les Officiers territoriaux en territoire militaire, puisque cela aura pour effet de rendre d'excellents Officiers de 1re ligne au service actif leur vraie place, et d'apporter de l'unité dans l'Administration des indigènes ; mais la sécurité étant assurée dans cette région, il n'y a pas urgence. Il y a si peu urgence que l'on peut, comme nous l'avons dit, sans déroger aux principes posés plus haut, laisser une partie d'entr'eux dans les postes les plus avancés. Au contraire, il y a urgence absolue à installer les officiers administrateurs en territoire civil et cela non seulement pour mettre un terme aux vols et aux assassinats des Arabes parmi les Français mais encore, et surtout, parmi les Arabes eux-mêmes.

Prendre des mesures énergiques contre les voleurs et les assassins, et protéger les Arabes contre eux-mêmes, voilà, non pas tout ce que nous avons à faire, mais assurément ce que nous avons de *mieux* à faire, à l'heure présente en Algérie, pour l'application saine et mesurée de nos principes fraternels.

Il ne suffit pas que les majeurs soient bons et éclairés, il faut encore, si l'exemple et les conseils sont impuissants, que par le châtiment, au besoin, ils réussissent à faire pénétrer leurs propres sentiments, et leurs propres lumières dans le cœur et l'esprit de leurs frères cadets.

Manquer à ce devoir par tyrannie ou par faiblesse, c'est toujours y manquer. Dans ce 2e cas, c'est moins coupable de la part de l'éducateur ; mais, pour l'ensemble, c'est plus pernicieux. L'ordre peut, à la rigueur, s'accommoder de la tyrannie. Il ne s'accommode jamais de la faiblesse.

Il faut donc, de toute nécessité, nous départir de notre faiblesse irréfléchie envers les Arabes ; agir en frères aînés bons, mais fermes ; et par conséquent, revenir en territoire civil, sinon à l'autoritarisme militaire, qui n'est plus de saison, du moins à la loi accompagnée de l'appareil militaire, ainsi que le comportent nos institutions nouvelles. Cela aura tous les avantages de l'autoritarisme, sans en avoir les inconvénients, C'est par là que nous réussirons à faire pénétrer, avec le temps, notre civilisation parmi les Arabes, et à légitimer notre conquête.

Il faut mettre un terme au déplorable état de choses actuel. Mais, pour cela, une main ferme et délicate est nécessaire. Elle doit être ferme pour atteindre les Arabes comme il convient à leurs mœurs ; délicate, pour ne pas froisser les citoyens français installés parmi eux.

Cette main ferme et délicate qui saura tenir, en même temps, et le sabre et le code, l'armée territoriale seule, grâce à son double esprit civil et militaire, a le pouvoir de nous en doter.

En résumé, à tout ce que nous venons de dire

touchant l'utilité, l'indispensabilité , la fatalité même de la mesure, nous pouvons ajouter maintenant que l'esprit de fraternité bien compris nous en fait un devoir.

XI

Commission sénatoriale des XVIII

J'ignore par quelles mesures la commission sénatoriale des Dix-Huit se propose de rendre à l'Algérie la sécurité disparue :

Le régime forestier sera-t-il modifié ?

La procédure pour la répression des crimes et délits sera t-elle simplifiée ?

Le mode de répression sera-t-il mis en harmonie avec les mœurs des Arabes, sans toutefois revenir au système barbare employé par les Turcs?

Le programme de l'instruction à donner aux indigènes sera-t-il, lui aussi, mis en harmonie avec leurs mœurs ?

La responsabilité collective sera-t-elle rétablie, en totalité ou en partie ?

L'autorité sera-t-elle munie de pouvoirs disciplinaires précédant l'action des tribunaux et pouvant, dans certains cas peu graves, les remplacer?

Toutes ces questions méritent un examen attentif ; la dernière seule me paraît être d'une urgence absolue. Quoiqu'il en soit, tout cela est encore l'inconnu. Mais, quelles que soient les mesures prises, les Officiers-Administrateurs sont seuls en situation de les appliquer.

Et, quoi qu'il arrive, alors même que la Commission n'aboutirait pas, l'institution aura toujours cet avantage : frapper les esprits par la crainte et le respect, et produire ainsi en territoire civil l'effet préventif qui existe d'une façon si marquée en territoire militaire.

Toute la question consiste à savoir si les Arabes auront pour les officiers territoriaux la même crainte respectueuse que pour ceux de l'armée active. Or, je l'ai dit, et je crois devoir le répéter : « l'Arabe ne distingue pas entre les différents
» corps, armes ou armées ; pour lui, tous les offi-
» ciers se valent ; il les respecte, non en raison
» du prestige qui s'attache à leurs corps, prestige
» qui d'ailleurs, échappe à son entendement,
» mais en raison de la force qu'il leur attribue, à
» cause du sabre et de l'uniforme uniquement »

Quant aux Français relevant de leur Administration, je cherche en vain de quoi ils pourraient avoir à se plaindre. Les Officiers-Administrateurs étant civils comme eux, territoriaux comme eux, sont leurs pairs dans toute l'acceptation du mot.

Au cours de ce travail, j'ai écarté systématiquement toute critique touchant les hommes et les partis. J'ai pensé que, sur le terrain de la sécurité, les opinions les plus diverses peuvent se rencontrer sans se heurter. C'est pourquoi je me suis borné à l'exposition de ma thèse, sans me permettre aucune incursion dans le domaine de la politique. Chacun pourra ainsi l'examiner froidement, sans prévention, ni pour, ni contre moi.

J'offre respectueusement cette thèse à la Commission sénatoriale des Dix-Huit.

Puisse-t-elle l'aider à lever quelques-unes des difficultés qui l'ont arrêtée jusqu'ici, dans l'élaboration du projet de loi destiné à rendre la sécurité à l'Algérie. C'est ma seule ambition.

E. COUTY

Capitaine en retraite, ex-chef de Bataillon
Commmandant le 7ᵉ Bataillon territorial de Zouaves,
Officier de la Légion d'Honneur.
(Médéa, Alger.)

Alger. — Imp. TORRENT ET MIAUX, Palais Consulaire.